AF455829

13 Novembre 1905

marqué
99P

VENTE

des Lundi 13 et Mardi 14 Novembre 1905

HOTEL DROUOT — SALLE N° I

A 2 HEURES

MEUBLES ANCIENS

DES

XVIe, XVIIe ET XVIIIe SIÈCLES

MEUBLES DE STYLE

BRONZES D'ART ET D'AMEUBLEMENT

Époque et Style XVIIIe Siècle

SCULPTURES, PORCELAINES, FAÏENCES

Argenterie ancienne

TAPISSERIES D'AUBUSSON & DE BRUXELLES

Me F. LAIR-DUBREUIL
COMMISSAIRE-PRISEUR
6, rue de Hanovre, 6

M. ARTHUR BLOCHE
EXPERT PRÈS LA COUR D'APPEL
51, rue Saint-Georges, 51

EXPOSITION PUBLIQUE

Le Dimanche 12 Novembre 1905, de 2 heures à 5 h. 1/2

EXEMPLAIRE DE H STETTINER

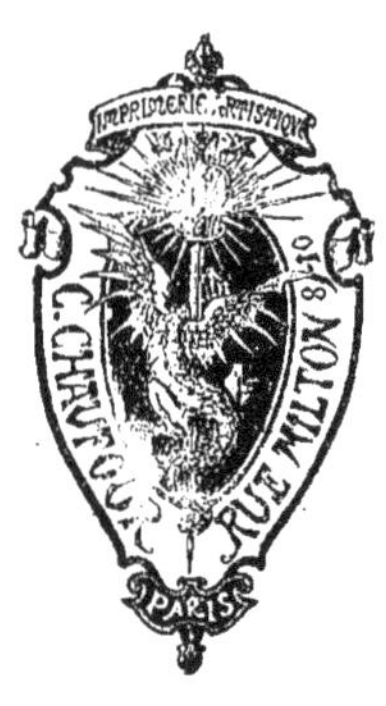
IMPRIMERIE ARTISTIQUE
C. CHAUFOUR
RUE MILTON
PARIS

CATALOGUE

DE

MEUBLES ANCIENS

DES XVIe, XVIIe ET XVIIIe SIÈCLES

Meubles à deux corps, Stalles, Bureaux, Armoires
Crédences, Commodes, Chaise à porteurs, Sièges, Trumeaux
Consoles

MEUBLES DE STYLE

Salles à manger en noyer sculpté et en bois laqué
Salon en tapisserie, Chambre à coucher, Billard, Banquette
Cabinet de travail

BRONZES D'ART ET D'AMEUBLEMENT

ÉPOQUE ET STYLE XVIIIe SIÈCLE

BRONZES DE L'EXTRÊME-ORIENT

Bois sculptés, Marbres, Terres cuites

Porcelaines, Faïences

ARGENTERIE ANCIENNE

Coutellerie, Armes, Objets variés

TAPISSERIES DE BRUXELLES & D'AUBUSSON

Étoffes, Tentures, Tapis

DONT LA VENTE AURA LIEU

HOTEL DROUOT — SALLE N° 1

Les Lundi 13 et Mardi 14 Novembre 1905, à 2 h.

Me F. LAIR-DUBREUIL	**M. Arthur BLOCHE**
COMMISSAIRE-PRISEUR	EXPERT PRÈS LA COUR D'APPEL
6, Rue de Hanovre, 6	*51, Rue Saint-Georges, 51*

EXPOSITION PUBLIQUE

Le Dimanche 12 Novembre 1905, de 2 heures à 5 heures 1/2

D.C5412

CONDITIONS DE LA VENTE

La vente sera faite expressément au comptant.

Les acquéreurs paieront *dix pour cent* en sus des enchères.

L'exposition mettant le public à même de se rendre compte de la nature et de l'état des objets, aucune réclamation ne sera admise une fois l'adjudication prononcée.

Imp. C. Chaufour, 8-10 Rue Milton, Paris

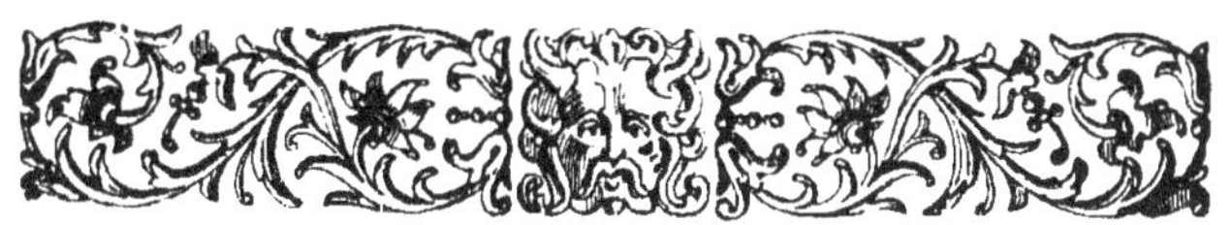

DESIGNATION

MEUBLES

1 — Belle stalle en bois sculpté, le bas à ogives fleuronnées, les accotoirs avec figures accroupies, le dossier offrant en haut-relief Persée et Andromède, les montants à clochetons. Travail partie du xve siècle.

2 — Console forme demi-lune en bois d'acajou à dessus de marbre blanc avec galerie en cuivre. Epoque Louis XVI.

3 — Petit table ovale à trois tiroirs en noyer orné de cuivres. Epoque Louis XVI.

4 — Trumeau en bois sculpté et doré avec glace, peinture représentant une scène de marivaudage. xviiie siècle.

5 — Vitrine d'aspect architectural en bois sculpté offrant sur les pans coupés des niches à colonnades avec petits personnages. Elle pose sur une console supportée par des colonnettes. xviie siècle.

6 — Petit bureau de dame s'ouvrant à cylindre et à un tiroir en bois d'acajou garni de cuivres. Epoque Louis XVI.

7 — Commode de forme bombée ouvrant à deux tiroirs en bois de citronnier et marqueterie garni de bronzes. Epoque Louis XV, dessus en marbre blanc.

8 — Fauteuil à dossier carré en bois de noyer sculpté avec dessus et dossier en velours rouge brodé à personnages et ornements. xvie siècle.

9 — Meuble à deux corps ouvrant à quatre portes et deux tiroirs en bois sculpté, dessin à portiques, pilastres aplatis, canaux et feuillages. xviie siècle.

10 — Meuble crédence en bois sculpté à moulures, rosaces et feuillages, ouvrant à trois portes et quatre tiroirs. Epoque Louis XIII.

11 — Armoire flamande en chêne sculpté ouvrant à deux portes, dessins à arcades, flanquée de colonnes cannelées surmontées de chapiteaux corinthiens. XVIIe siècle.

12 — Deux chaises Louis XVI, en bois finement sculpté et doré à feuillages et guirlandes, couvertes en satin rouge cerise brodé.

13 — Commode Louis XIV en bois de placage, à cinq tiroirs ; poignées et entrées de serrures en bronze, dessus en marbre.

14 — Commode en bois satiné, garnie de quatre tiroirs ; poignées et entrées de serrures en bronze ciselé ; dessus de marbre gris. XVIIIe siècle.

15 — Chaise à porteurs décorée de peintures à sujets galants et figures d'amours. Epoque fin Louis XV.

16 — Meuble crédence en bois sculpté d'époque Louis XIII.

17 — Meuble Louis XVI en bois de rose ouvrant à six vantaux séparés par une frise en bronze, dessus en marbre blanc à galerie de cuivre.

18 — Bureau plat en acajou d'époque Louis XVI.

19 — Commode en marqueterie de palissandre ouvrant à quatre tiroirs ; et ornée de bronzes ciselés. Dessus en marbre rouge. XVIIIe siècle.

20 — Meuble de toilette en acajou à dessus de marbre blanc, garni d'une glace mobile formant écran. XVIIIe siècle.

21 — Meuble de salon en bois sculpté et doré de style Louis XVI couvert en tapisserie d'Aubusson à personnages et vues de châteaux composé de : un canapé, deux fauteuils et quatre chaises.

22 — Grand et beau buffet en bois finement sculpté représentant des divinités au milieu d'arbustes et de fleurs. La partie supérieure

formant étagère est surmontée de deux dômes et d'une glace ; le bas ouvre à deux vantaux. Travail indien.

23 — Six chaises en bois finement sculpté de même travail, garnis d'étoffes variées.

24 — Beau meuble cabinet en bois sculpté décoré de panneaux laqués ornés d'applications d'ivoire et de nacre représentant des fleurs, des oiseaux et des scènes d'intérieur. Travail chinois. Chaque panneau en laque porte la signature de l'artiste.

25 — Très grand écran en laque, décoré d'une figure de Samouraï renversant une colonne ; de personnages et d'arbres fleuris en nacre sculptée ; monture en bois sculpté à jour à figures de dragons.

26 — Jardinière d'antichambre en marqueterie de bois et incrustations d'ivoire à figures et ornements ; surmontée d'une grande glace à encadrement analogue parties sculptées à jour couronnée par un fronton à glaces. Travail chinois.

27 — Console à étagère à fond de glace de forme contournée. Même travail.

28 — Meuble à hauteur d'appui en bois de placage ouvrant à un vantail et garni de tablettes sur les côtés. Style Louis XVI.

29 — Meuble en acajou ouvrant à deux portes dessus à galerie de cuivre ajouré. Style Louis XVI.

30 — Petit meuble en bois de placage ouvrant à une porte et garni d'un tiroir. dessus à galerie de cuivre. Style Louis XVI.

31 — Fauteuil en acajou à perlé et accotoirs à têtes de béliers dorés; garni en tapisserie de Neuilly.

32 — Glace trumeau à encadrement doré, décorée dans le haut d'un chasse au sanglier.

33 — Salle à manger en bois laqué blanc composé de : deux buffets à deux corps, le haut vitré, deux dessertes, une vitrine à hauteur d'appui à dessus de marbre et de seize chaises couvertes en panne grise.

34 — Meuble d'entre-deux Louis XIV en palissandre à deux vantaux grillagés et ornements en bronze doré.

35 — Commode en marqueterie de bois ornée de bronzes à dessus de marbre. Style Louis XV.

36 — Salle à manger en noyer sculpté et ciré de style Henri II. Composée de : un buffet à deux corps; une pannetière; une table carrée avec allonges; six chaises et un fauteuil garnis en cuir.

37 — Chambre à coucher en bois verni, parties laquées à guirlandes de fleurs et oiseaux, style Louis XVI. Composée de : un lit de milieu et sa literie; une armoire à glace biseauée et une table de nuit

38 — Glace de salle à manger, cadre en noyer sculpté.

39 — Beau billard en chêne sculpté orné d'appliques en bronze ciselé, de Toulet à Bruxelles, avec queues, billes, etc.

40 — Banquette de billard en bois noir à filets dorés et étoffe brochée.

41 — Deux fauteuils forme dite Dagobert en bois noir et filets dorés ; coussins en même étoffe.

42 — Deux chaises en bois noir et filets dorés garnies en même étoffe.

43 — Console en bois sculpté et doré de style Louis XV, dessus de marbre blanc.

44 — Meuble d'entre-deux en bois noir à filets de cuivre et incrustations de nacre ; ornements en bronze doré.

45 — Meuble chiffonnier Louis XVI en acajou, dessus à galerie de cuivre.

46 — Bahut normand en bois sculpté.

47 — Grand meuble porte fleurets en noyer sculpté et ciré à cariatides et colonnes torses.

48 — Paire de grandes colonnes torses en bois sculpté.

49 — Deux petites consoles d'applique en bois sculpté et doré d'époque Louis XIV.

50 — Pendule d'applique décorée au vernis et ornée de bronzes dorés. XVIIIe siècle.

51 — Deux petites tables à étagères en bambou.

52 — Banquette et deux chaises en bambou, garnies en soie de Chine brodée.

53 — Canapé et deux fauteuils en bambou garnis de drap rouge brodé en soie, représentant des scènes familières et des personnages dans des paysages.

54 — Canapé en soie de Chine fond bleu brodée en soie et filigrane.

55 — Deux fauteuils en bambou, garnis en satin de Chine fond bleu brodé à personnages et oiseaux dans les nuages.

56 — Quatre sièges de coins en bambou, garnis en soie brodée de fleurs sur fond de différentes nuances.

57 — Deux fauteuils et un pouf formant chaise-longue et deux chaises recouverts en étoffe rayée, de style Louis XVI.

58 — Chaise à dossier renversé de style oriental.

59 — Deux chaises en bois sculpté de style Louis XV garnies en soie brochée.

60 — Deux bois de fauteuils Louis XVI en noyer sculpté.

61 — Petite vitrine en bois sculpté. Travail provençal.

62 — Deux supports en bois sculpté style chinois à têtes d'éléphants.

63 — Lit Louis XVI en bois sculpté laqué blanc.

64 — Armoire à deux portes en bois gravé, XVIIe siècle.

VENTE EN VERTU D'ORDONNANCE

65 — Meuble de salon en bois sculpté et doré de style Louis XV garni en tapisserie au point et au petit point à sujets champêtres et bouquets de fleurs; contrefond gris. Composé de : un canapé et deux fauteuils, plus quatre chaises en bois doré genre bambou.

BRONZES

66 — Grand et beau cartel Louis XV en bronze ciselé et doré représentant une Renommée assise au milieu de rocailles feuillagées et fleuries et un aigle aux ailes déployées.

67 — Cartel en bronze doré orné de guirlandes de fleurs et de lauriers, cadran signé Etienne Le Noir. Epoque Louis XVI.

68 — Paire de chenêts en bronze ciselé et doré à mascarons, style Louis XIV.

69 — Lustre en bronze ciselé et doré à cariatides d'enfants musiciens au milieu de rinceaux feuillagés à sept branches de lumières disposées pour l'électricité. Style Louis XVI.

70-71 — Deux paires d'appliques en bronze ciselé et doré à branchages de vigne entrelacés suspendus à un nœud de ruban, à deux lumières disposees pour l'électricité. Style Louis XVI.

72 — Garniture de cheminée composée de : une pendule en bronze doré à figures d'amours; cadran formé d'une sphère en marbre blanc et deux candélabres à bouquets de six lumières supportés par des statuettes d'enfants en bronze doré.

73 — Paire de grands chenêts en bronze doré à figures de sphinx.

74 — Cartel et baromètre en bronze doré, mascarons à têtes d'hommes offrant de chaque côté des sphinx couchés formant support de lampes.

75 — Pendule en bronze doré, cadran forme borne placée entre deux figures et surmontée d'un vase de fleurs. Socle décoré d'une frise d'amours. Commencement du XIXe siècle.

76 — Appareil d'éclairage pour billard en bronze poli.

77 à 80 — Quatre lustres en bronze à patine brune.

81 — Lustre en bronze et cristaux.

82 — Paire de girandoles en bronze et cristaux.

83 — Paire de flambeaux en métal argenté fin du XVIIIe siècle.

84 — Deux flambeaux de pagode indo-chinoise en bronze, formés par des cerfs supportant un vase de fleurs formant lumière.

85 — Coupe en bronze ciselé décorée d'une frise d'animaux en relief et supportée par un faucon signé : CAIN.

86 — Statuette de Napoléon Ier en bronze.

BRONZES

DE L'EXTRÊME-ORIENT

87-88 — Deux statuettes en bronze : Çakya Thoub Pa.

89 — Divinité en bronze : Çakya Thoub Pa.

90 — Deux divinités en bronze : Od dpag Med.

91 — Groupe en bronze patine verte : Kouan-Yin.

92 — Statuette en bronze : Padmapani assise sur un trône avec auréole en fer forgé.

93 — Deux statuettes de gardiens de temple en bronze avec vestiges de dorure, représentés l'un assis et l'autre debout.

94 — Petite coupe à sacrifice décorée d'ornements, à deux anses, en bronze de Chine.

95 — Vase ou urne funéraire en bronze, anses à anneaux mobiles provenant du tombeau des Honan Feng.

96 — Deux coupes en bronze vert gravé d'ornements.

97 — Chimère menaçante en bronze vert.

98 — Petit Koro en bronze ciselé de forme octogonale, couvercle surmonté d'une chimère.

99 — Jardinière à pans en cuivre gravé et étain, dessin de personnages.

100 — Jardinière en bronze vert, dessin extérieur à volatiles, intérieur avec la marque des Ming.

101 — Brûle-parfums en bronze vert gravé, forme rectangulaire, anses en crosses, pieds à têtes de chimères et saillies.

102 — Deux statuettes de femmes en bronze tenant des fleurs de lotus.

103 — Miroir porté par un animal accroupi, en bronze.

104 — Statuette en bronze : Od Kyi, représentée assise et tenant un fruit.

105 — Deux cornets à cols évasés en bronze.

106 — Suite de huit figurines en porcelaine représentant des divinités.

107 — Paire de petits vases en bronze émaillé du Japon.

108 — Brûle-parfums en bronze chinois sur quatre pieds forme consoles à chimères ailées ; couvercle surmonté d'un aigle posé sur un rocher.

SCULPTURES

109 — Grand groupe en bois sculpté représentant la Vierge assise tenant l'Enfant Jésus sur ses genoux. xve siècle, posant sur socle.

110 — Buste en plâtre teinté terre cuite : Portrait présumé de la Duchesse de Grammont Caderousse, née de Vassé, attribué à Canova.

111 — Buste en plâtre teinté terre cuite : Portrait présumé de Mlle Sinéty, attribué à Canova.

112 — Deux grandes appliques en bois sculpté et doré à trois lumières. Epoque Louis XVI.

113 — Deux panneaux gothiques peints à personnages sur fond d'or gaufré incrusté de cabochons.

114 — Deux amours formant candélabres en bois sculpté polychrome. Epoque XVIIIe siècle.

115 — Groupe en marbre : Phœbé, par S. Denéchau, 1878 ; socle en marbre vert de mer.

116 — Buste en marbre : La fille de Jephté.

117 — Buste de jeune fille en marbre blanc.

118 — Statuette de femme en pierre sculptée.

119 — Statuette de sainte femme, ton d'ivoire, socle en bois noir.

120 — Statuette en bois sculpté et peint : Japonais effrayé par un crapaud.

121 — Paire de gaînes en marbre rouge.

122 — Petit monument en albâtre : la Tour de Pise.

123 — Petit monument en albâtre.

PORCELAINES, FAIENCES

124 — Jardinière en porcelaine de Chine fond noir dessin de dragons au milieu de branchages fleuris, socle en bois sculpté et doré à ceps de vigne.

125 — Paire de vases en porcelaine de Chine décorés de sujets guerriers et de scènes familières.

126 — Paire de vases en porcelaine, décorés en relief de figures d'amours et de guirlandes de fleurs.

127 — Paire d'appliques à deux lumières en porcelaine genre Saxe.

128 — Coffret en porcelaine de Capo di Monte.

129 — Bonbonnière en porcelaine gros bleu décor or.

130 — Paire de vases en porcelaine de Chine à décor de fleurs et d'insectes, montés en lampe.

131 — Paire de cornets en porcelaine cloisonnée de Chine, décorés d'arbustes et de papillons.

132 — Vase en porcelaine de Chine rouge.

133 — Jardinière en porcelaine du Japon polychrome sur socle en bois sculpté.

134-135 — Deux suspensions en faience à décor de Rouen, montures en fer.

136 — Grand plat en ancienne porcelaine de Saxe, décor à bouquets de fleurs et médaillons oiseaux, bord gaufré.

137 — Deux assiettes creuses en vieux Saxe, même décor.

138 — Compotier, même décor

139 — Sucrier sur plateau adhérent en faience de Strasbourg, décor à bouquets de fleurs.

140 — Paire de vases en porcelaine de Paris Ier Empire, décor à rehauts d'or.

141 — Vache en ancienne faience de Delft polychrome.

142 — Tête en grès de Muller : Gismonda.

ARGENTERIE

143 — Plat ovale en argent repoussé offrant au centre une corbeille de fruits avec oiseaux et des cornes d'abondance et tout autour des arabesques de fleurs et de grenades. XVIIe siècle.

144 — Plat rectangulaire en argent repoussé décoré d'un bouquet de fleurs au centre, bord gravé. XVIIe siècle.

145 — Coupe ovale sur piédouche en argent représentant une chasse au cerf encadrée d'animaux courant dans des cartouches coquillés. XVIIIe siècle.

146 — Plateau rond à galerie ajourée posant sur trois serres d'aigles en argent. Epoque Directoire.

147 — Paire de flambeaux en argent à cannelures et feuillages Epoque fin Louis XVI.

OBJETS DIVERS

148 — Petit coffret à bijoux en ivoire sculpté orné de ferrures ciselées. Travail ancien.

149 — Pupitre en bois sculpté. Travail Indien.

150 — Reproduction en plâtre d'une porte de l'Alhambra de Grenade.

151 — Deux vases ovoïdes en carton décoré fond rouge.

152 — Deux boites à épices en bois sculpté. Travail provençal.

153 — Monture de seau en cuivre rouge.

154 — Deux miniatures ovales : Portraits d'homme et de femme, cadres en bronze.

155 — Miniature ronde : Portrait d'homme, cadre en bois noir.

156 — Miniature ronde : Portrait de femme Touis XVI. Cadre en bronze.

157 — Miniature ovale : La Vierge. Cadre en bois noir.

158 — Grand plat rond, d'après Briot.

ARMES

159 à 162 — Quatre armures complètes en fer, socles en chêne décorés d'écus armoriés.

163-164 — Deux grandes panoplies, collection d'armes européennes : fusils, sabres, épées, bayonnettes, haches, etc.

165 — Grande panoplie, collection d'armes asiatiques : armures, boucliers, sabres, poignards, fusils, fanions, etc.

166 — Grande panoplie, collection d'armes africaines : fusils, pistolets, haches, casque, bouclier, poignards, arc, flèches, etc.

167 — Grande panoplie, collection d'armes américaines : fusils, sabres, épées, pistolets, revolvers.

168 à 171 — Quatre panoplies d'armes décoratives.

172 — Quatre motifs d'ornementation composés de sabres, de casques et de cuirasses.

173 — Six lances de cavalerie.

174 à 177 — Dix-neuf fleurets ou épées de combat, sept masques et neuf gants d'escrime.

178 — Couteau de chasse avec lame finement gravée. Manche en cuivre avec pommeau en noix de coco, XVIe siècle.

179 — Couvert de chasse composé d'un couteau et d'une fourchette à deux dents avec manches en bronze ciselé et doré. Allemagne, XVIIe siècle.

180 — Gaine à couteau en bois recouvert d'étain, daté 1563.

181 — Etui à petit couteau en fer gravé. Allemagne, XVIIIe siècle

182 — Manche de couteau en bronze forme animal sur gaine à double masque, fouilles romaines.

183 — Couteau en fer avec lame et manche d'une seule pièce en fer. Fouilles d'Autriche.

184 — Manche de couteau byzantin en ivoire sculpté, XIIIe siècle.

185 — Couteau, manche en ivoire sculpté à figure de sainte, XVIIe siècle.

186 — Cuiller en bronze, fouilles près deMayence, XIIe ou XIIIe siècle.

187 — Couteau avec manche en fer gravé d'arabesques, surmonté d'un groupe en ivoire sculpté. Allemagne, XVIIe siècle.

188 — Couvert composé d'un couteau, d'une fourchette et d'une cuiller, manches en argent et filigrane XVIIIe siècle.

189 — Service de voyage composé d'un couteau, d'un poinçon et d'une fourchette dans une gaîne en cuir recouvert d'anneaux. Ce service faisait partie de l'argenterie trouvée à Ratisbonne.

190 — Couvert, couteau et fourchette avec manches en fer ciselé ornés de plaques de nacre dans une gaîne en fer repercé à jour, daté 1652. Allemagne, XVIIe siècle.

191 — Couteau, fourchette et cuiller en argent, manches en émail fond blanc à fleurs et volatiles. Allemagne, XVIIe siècle.

192 — Deux pièces, couteau à lame cintrée gravée d'arabesques, et offrant de chaque côté des figures d'amours, manche en fer gravé présentant une ornementation raphaëlesque. La fourchette plus petite est analogue comme travail. Italie, XVIe siècle.

TAPISSERIES

TENTURES, ÉTOFFES

193 — Tapisserie d'Aubusson à décor d'oiseaux dans un paysage, fond à vue de châteaux. Bordure à fleurs, trophées et ornements; offrant dans le haut un écusson armorié. Haut. : 2^{m}55: Larg. : 2^{m}30 environ.

194 — Tapisserie dite verdure, représentant un paysage avec cours d'eau et oiseau perché. Bordure à guirlandes de fleurs. Haut. : 2^{m}74; Larg. : 3^{m}34 environ.

195 — Tapisserie représentant la prise de Troie. Bordure à fleurs. Haut. : 3^{m}70 ; Larg. : 5^{m}.

196 — Tapisserie représentant un pont rustique dans un paysage. Large bordure à fleurs et feuillages entrecoupés de médaillons à paysages. Haut. : 3^{m}37 ; Larg. : 3^{m}20 environ.

197 — Grande tapisserie de Bruxelles représentant une scène de l'histoire de Marc-Antoine et de Cléopâtre. Composition de nombreux personnages. Large bordure à dessin monumental offrant en haut des guirlandes de fruits, des lambrequins et des cordelières avec des amours dans les airs, sur les côtés des bustes de personnages sur gaînes ornées de chutes de fruits et d'oiseaux fantastiques, dans le bas des guirlandes de fruits et de fleurs retenues par des nœuds de ruban, XVIIe siècle.

198 — Petit panneau en tapisserie ancienne à figures dans un paysage.

199 — Ecusson en peinture représentant l'Adoration de la Vierge dans un encadrement d'étoffe brodée à paillettes. Fin du XVIe siècle.

200 — Tableau en tapisserie de Bruxelles représentant un buveur, le verre en main, assis près d'une femme devant une table rustique, paysage en perspective, XVIIe siècle. Encadré.

201 — Garniture de canapé en tapisserie au point à fleurs avec médaillons au petit point, XVIIe siècle.

202 — Panneau en velours frappé et broderie de fils métalliques.

203 — Tenture en soie de Chine rouge, brodée de caractères chinois et de personnages formant tenture, retenue par un dragon en bois sculpté et doré.

204 — Décor de lit et décor de fenêtre en étoffe rayée de style Louis XVI.

205 — Tapis de la Savonnerie à décor polychrome.

206 — Tapis d'Aubusson décor central, fond vert à réserve de fleurs, bordure fond gris à fleurs.

207 — Tapis d'Aubusson fond rouge à guirlandes de fleurs et nœuds de rubans, médaillon central à fleurs.

208 — Tapis ancien d'Aubusson, décor à semis de fleurs sur fond grenat avec médaillon central. Bordure à grecque et corbeilles de fleurs aux angles.

209 — Deux portières simples de Karamanie.

210 — Deux portières doubles de Karamanie.

211 — Tapis long d'Orient à bordure fond blanc.

212 — Tapis d'Orient fond rouge et fond bleu, dessins à carreaux.

213 — Carpette orientale fond rouge à médaillon fond bleu.

214 à 223 — Suite d'étoffes anciennes, soieries et brocarts.

224 à 233 — Lot de bandes et morceaux en tapisserie ancienne.

234 — Objets omis.

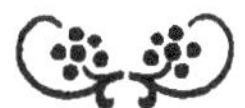

www.ingramcontent.com/pod-product-compliance
Ingram Content Group UK Ltd.
Pitfield, Milton Keynes, MK11 3LW, UK
UKHW021532260726
13993UKWH00004B/1945